360° 全景探秘

最不可思议的世界考古

最不可思议的世界考古
ZUI BU KE SI YI DE SHI JIE KAO GU

360度全景探秘

最不可思议的世界考古

主编 李阳

天津出版传媒集团

天津科学技术出版社

图书在版编目（CIP）数据
最不可思议的世界考古 / 李阳主编. 一天津：天津科学技术出版社，2012.4（2021.6重印）
（360度全景探秘）
ISBN 978-7-5308-6989-5
Ⅰ.①最… Ⅱ.①李… Ⅲ.①考古发现—世界—普及读物 Ⅳ.①K86-49
中国版本图书馆CIP数据核字（2012）第078872号

360度全景探秘——最不可思议的世界考古
360DU QUANJING TANMI —— ZUI BUKE SIYI DE SHIJIE KAOGU
责任编辑：王　璐
责任印制：刘　彤
出　版：天津出版传媒集团
天津科学技术出版社
地　址：天津市西康路35号
邮　编：300051
电　话：（022）23332399
网　址：www.tjkjcbs.com.cn
发　行：新华书店经销
印　刷：永清县晔盛亚胶印有限公司

开本 690×940　1/16　印张 10　字数 200 000
2021年6月第1版第5次印刷
定价：35.00元

目 录

四、非洲考古中的秘谜 / 135

一、亚洲考古中的秘谜

河姆渡文明之谜

◆ 河姆渡遗址

河姆渡文明的发现

出土了迄今发现最早的漆器；发现了中国最早的水井遗迹；发现了目前已知世界上最古老的人工栽培稻……这里就是河姆渡文明遗址。河姆渡，浙江省东部一个普通村庄，就是在这里发现了6 000年前种植的稻谷，从而打破了中国稻谷栽培技术来自印度的说法。

◆ 河姆渡遗址

1973年夏天，村民们在低洼处建排涝站时，发现了许多人工建造的痕迹。经考古人员发掘研究，这里有一口深1.4米的古井，并清理出大量陶器，从表面留下的痕迹，专家判断它们应该是在距今6 000年左右加工出来的。

而当考古人员挖掘到距地面3米深的地方，在黑褐色的土层中，闪出了一些金黄色的小颗粒，但很快就变成了泥土的颜色。这些混在泥土中的褐色颗粒，令考古人员几乎无法相信自己的眼睛：它们居然是炭化了的稻谷！出土的骨制品中，有一件上面还缠着葛藤，这正是河姆渡人的生产工具——骨耜。

◆ 河姆渡陶器

骨耜的出土为河姆渡人种植稻谷找到了重要证据。大量骨耜的出土，向人们呈现出这样一个事实：6 000多年前的河姆渡人，已经脱离了刀耕火种的耕作方法，进入了耜耕农业阶段。

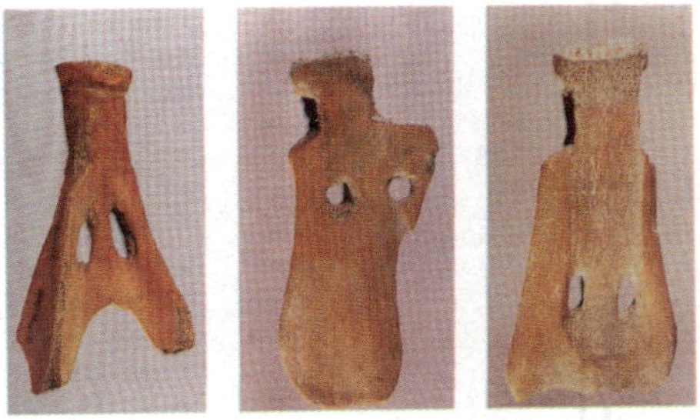

◆ 骨耜

◆ 河姆渡文化陶器——猪纹长圆形钵

惊人的河姆渡文明

从“有巢氏”的传说到“干栏式建筑”的发现令专家不可思议：河姆渡人是原始人从树上居住到陆地居住的过渡吗？

考古人员在河姆渡发现了一些木板和木桩。进一步考查发现，这些木制品是一种房屋。考古人员将这些木板、木桩及木构件进行复原，展现出了当初的建筑形式。中国的建筑专家将这种地上架空的建筑称为“干栏式建

◆ 河姆渡人生活场景

筑”。他们从中国“有巢氏”的传说推断，河姆渡人的干栏式建筑是原始人从树上的巢居向地面居住过渡的一种建筑形式。原始人最初在树枝上或树与树之间搭设木头，并用一些树叶搭成棚架，形成了原始人用双手建造的最初的巢。当原始人从树上转移到地面生活以后，将这种树上的巢搬到了地上。

对河姆渡出土文物的碳14测定，河姆渡遗址迭压着四个文化层。最上面的一层已有4 700年；第二层有5 800年；第三层和第四层距今6 210年到6 950年。在河姆渡遗址发现之前，几乎所有的出土证据都表明，中华文明在公元前3000年诞生于黄河流域，在黄河流域之外的地方还没有发现更早期人类活动的证据。河姆渡遗址的发现，为中国史学界和考古界提供了一个依据，那就是中华文明的起源，不仅仅局限于黄河流域一个地方，长江流域也是中华文明的重要发源地之一。

从河姆渡出土的大量野生果实来看，这里以前生长着茂密的森林。河姆渡人绘在陶器上的生活片断也告诉我们，他们除了掌握水稻种植技术以外，已经开始驯养家畜。

在河姆渡发掘出的61种动物骨骸，分属于34

◆ 黑陶敛口釜

个种属。它证明7 000年前，这里气候温暖湿润，这种地理状况和自然环境是动、植物生长的天堂。延续了2 000年左右的河姆渡文化，为什么在距今5 000年前后突然神秘消失了呢？对此，历史学家和考古学家对河姆渡周边的地理环境作了长达3年的调查，探查发现河姆渡文化时期至少发生过两

次持久的特大洪水。第一次发生在距今6 000年前后，第二次发生在距今5 000年前后。正是第二次洪水淹没了河姆渡人的家园。

在对河姆渡遗址方位的测量中，考古人员吃惊地发现，河姆渡遗址位于东经121°22′、北纬29°58′，几乎在北纬30度线上。北纬30度线是一个神秘的地带。从地理大布局来看，这里有地球山脉最高处珠穆朗玛峰、古埃及金字塔群、狮身人面像、死海、巴比伦的空中花园、百慕大三角区、远古玛雅文明遗址。世界几大河流——埃及的尼罗河、伊拉克的幼发拉底河、中国的长江、美国的密西西比河，也都是在北纬30度线入海。这难道仅仅是一种偶然吗？

◆ 五叶纹陶块

◆ 河姆渡人的生活场景

旧石器年代之谜

在百色挖出旧石器特别是手斧，令考古学家们兴奋不已，这种代表旧石器时代石器工业特征的手斧，大约产生于150万年至20万年前，原来只在欧洲及非洲等地发现。这次发现，在某种程度上证明中国原始人的智力进化并不落后于欧洲人，打造器具的技术也不亚于欧洲人，意义非同小可。

据中科院测定，该手斧大概造于73万年前。然而美国及国内的一些考古学者指出，旧石器遗址没有发现人类活动的痕迹，也没有人的化石之类，仅凭包附在手斧上的陨石来确定百色旧石器年

◆ 薄刃斧

◆ 刮削器

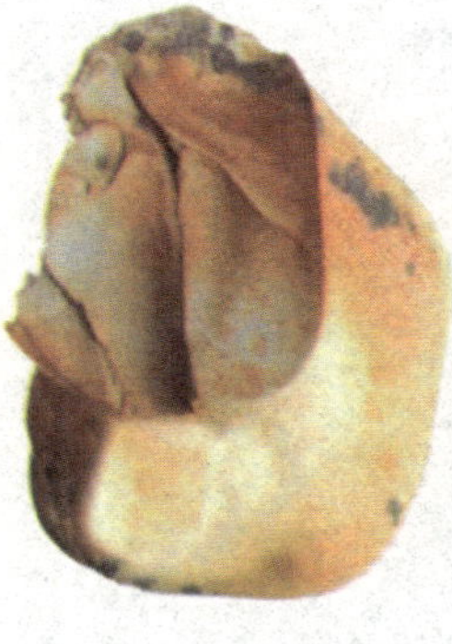

◆ 典型的百色旧石器——手镐

◆ 石核砍砸器

代并不令人信服。因为这些陨石也许是从别处冲刷过来的，或被人移动过，甚至可能是地壳运动使陨石与手斧黏在了一块，因此，并不能依据旧石器遗址中陨石的年龄来确定手斧特别是百色旧石器所处的年代。还有一些学者提出了百色旧石器处于30万年前甚至是几万年前的说法。

◆ 石核

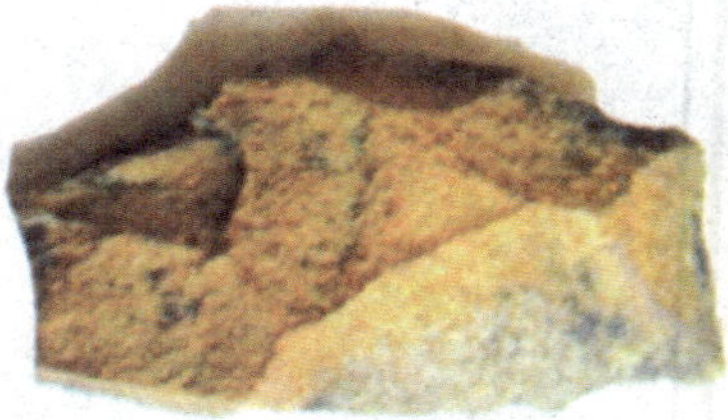
◆打击石片

专家的说法：解开百色旧石器年代之谜非常重要，它关系到中国乃至亚洲原始人发展的早晚问题。目前，广西考古界正争分夺秒地寻找陨石之外的其他旁证，以确定百色旧石器所处的真正年代。

北京“东胡林人”之谜

◆ 东胡林人遗址

一具万年前的人体尸骨，几处火烧后留下的“火塘”痕迹，一些散乱的石器、陶器、骨器、蚌器……凭借着这些仅有的蛛丝马迹，考古学家们正在慢慢揭开“东胡林人”神秘的面纱，试图还原自山顶洞人（距今约3万年）以来北京地区人类发展史中缺失的链条。

"东胡林人"的身世之谜

◆ 东胡林人遗址

首具"东胡林人"尸骨的发现者是北京地球与空间科学学院的教授郝守刚。1966年4月，时为北京大学地质地理系学生的他，当时正在北京郊区的东胡林村搞"社教"。一天在带领一群学生团员担土造田时，偶然在当地的"坟坡"上发现了3具佩戴螺壳项链、骨镯等石器的尸骨。之后，中国科学院古脊椎与古人类研究所的周国兴和尤玉柱经过发掘与调查，认定尸骨出自新石器时代的早期墓葬。后来，郝守刚教授去美国做了碳十四鉴定，证实"东胡林人"生活在9000年至1万年间。

◆ 鼻骨下方放有玉石的遗骸

经国家文物局批准，1999年北京大学考古文博学院与北京市文物研究所联合组成了东胡林考古发掘队。2001年7月，东胡林考古发掘队进行了第一次发掘，出土了一批重要石器、陶器、骨器、螺壳、兽骨等遗物，还发现东胡林人的烧火遗迹多处。采集了丰富的木炭、土样、骨骼、螺壳等可供测定年代、进行孢粉分析以及进行DNA研究的标本。

“东胡林人”身份的确定

◆ 东胡林人的器具

2003年9月24日，东胡林人考古发掘队开始对“东胡林人”遗址进行最新一次的科学发掘。

最初发掘出的是一些石器、陶器、骨器和几处用火遗迹，在“东胡林人”的“火

◆ 东胡林人遗骸全貌

塘”中还发现一些烧焦的兽骨和木炭。但在发掘工作进入尾声时的10月19日，偶然挖到一具完整的尸骨。后被专家认定是‘东胡林人’尸骨。

为什么认定这具尸骨属“东胡林人”？对此北京大学考古文博学院赵朝洪教授解释，先前已有研究证实早期东胡林人活动的地质构层为紫褐色土层，此次出土尸骨的墓

葬地层明显位于紫褐色土层以下，而且墓葬的开口在早期东胡林人的活动地层——紫褐色土层内，这就有力地证明了出土的尸骨属于东胡林人。

目前，“东胡林人”尸骨正在进一步发掘中。据目测，尸骨身长约1.65米，在其口鼻之间还发现了一块小指大小的玉制品，这块玉制品是否为装饰品还有待考证。

半坡遗址之谜

◆ 半坡遗址

半坡遗址位于西安东郊半坡村，是中国新石器时代仰韶的典型文化遗址之一，距今年代为6 800～5 900年。这座遗址1953年被发现，1962年被国务院颁布为第一批全国重点文物保护单位。遗址占地面积约5 000平方米，大致形状为一个南北稍长、东西略

◆ 半坡博物馆

◆ 彩陶人面鱼纹盆

短的不规则椭圆形，分为大围沟围绕的居住区、围沟以北的氏族公共墓地和以东的制陶区3部分。

在发掘的大约10 000平方米范围内，发现和出土了丰富的遗迹和大量的遗物。其中包括很多彩陶，这些彩陶中最令人回味的是那神秘的人面鱼纹。人面鱼纹呈现圆形构图，画面由人头和鱼组成。圆圆的脸上有一对笑眯眯的眼睛，鼻子像倒立的“T”，嘴巴笑哈哈地大张着，嘴两边噙着两条

◆ 半坡陶窑

鱼。这出现在以擅长描绘自然物的半坡人时代，其含义恐怕不只是人吃鱼那么简单。那么，它是在乞求鱼的丰产还是人口的繁衍呢？目前，学术界有的认为反映了远古的图腾崇拜年，有的认为是巫师面具，还有的认为是水草鱼虫或婴儿出生图。无论半坡人用它来表达什么思想意识，他们能够把如此丰富的社会内容凝聚于绘画艺术之中，这种创作动机，令人惊叹。这也正是原始艺术的魅力之处。

◆ 人面鱼纹盆

半坡遗址的防御沟外东侧是陶窑遗址，现在已发现6座陶窑。这些陶窑分横穴、竖穴两种，结构均包括火口、火膛、窑箅、火道和窑室5个部分。原始的烧制陶器方法根本没有陶窑，近代的一些落后民族甚至还采用露天的办法烧制陶窑，因此6000年前半坡陶窑的结构令专家大为吃惊。

遗址里还有种种迹象表明，这个原始村庄似乎被突然放弃，甚至连工具、粮食都没有拿走。这是为什么呢？是战争？洪水？灾疫？宗教恐怖？因为现在没有证据，这还是一个神秘的谜。

◆ 半坡红陶葫芦瓶

轩辕黄帝陵墓之谜

《史记·五帝本纪》载："黄帝崩，葬桥山"，桥山究竟在什么地方？陕西省黄陵县城北一华里的桥山有黄帝陵墓，此陵为古墓葬第一号，但是《魏土记》记载："下洛城东南四十里有桥山，山下有温泉，泉上有祭堂，雕檐华字被于浦上。"与此相同的还有《水经注》的记载：漫（今桑干河）经过下洛城（今涿鹿）南之后，温泉水注之，水上承温于桥山下。"涿鹿桥山在今河北省涿鹿城东南40里，它以山顶上天然形成的一座拱石桥而得名，海拔981米。桥山附近的山梁上有一个巨大的四方石桌，传说是祭祀黄帝时在此摆设祭品的。石桌右侧的峭壁上布满象形文字样的图案。传说是古人刻石记事而留下来的遗迹。那么涿鹿与桥山有什么联系？现今的

涿鹿是否是史书所称的涿鹿？据《史记·五帝本纪》载："黄帝与蚩尤战于涿鹿之野"；北魏著名的地理学家郦道元在《水经注·谨水篇》载："黄帝与蚩尤战于涿鹿之野，留其民于涿鹿之阿。"有的史书把"涿鹿"写成"浊鹿"。如南宋罗泌《路史·蚩尤传》载："蚩尤好兵而喜乱，逐帝而居于浊鹿。"当代研究古代神话的著名学者袁珂肯定地指出："浊鹿即涿鹿，今河北省涿鹿县。"特别是陈稺常编写、

◆ 黄帝陵

◆ 黄帝陵

顾颉刚校订的《中国上古史演义》对此也作了有力的回答，该书第二回“千古文明开涿鹿”一篇中记述“黄帝与蚩尤战于涿鹿之野，把蚩尤追杀在贩泉（在今涿县城东）”之后，黄帝“又召集各国，大会于釜山（今涿鹿县城西南）”。

综上所述，涿鹿正是“黄帝与蚩尤战于涿鹿之野”的涿鹿，史书所称的“邑于啄鹿之阿”就是今涿鹿到矾山镇西侧古城，又名黄帝城，此城遗址尚存。由此可见埋葬轩辕黄帝的陵墓，很可能是今河北省涿鹿县的桥山。因为黄帝战斗在涿鹿，死后完全没有理由要将尸体运往千里之外的陕西安葬。但是黄帝葬于陕西桥山的观点也是不易否定的，黄帝到底葬于何处，这就需要进一步的考证。

屋背岭商代遗址之谜

深圳重大的考古项目——南山区屋背岭商代遗址被评为2001年度“全国十大考古新发现”。这是广东地区目前发现、发掘规模最大的商时期墓地。发掘现场位于屋背岭呈马鞍形的山脊上，考古队在1 400平方米范围

内完成了对94座商墓的发掘工作。这一考古发掘新成果，填补了珠江三角洲及港澳地区陶器编年的一段空白；证明商时期珠江三角洲、韩江三角洲、粤东北的兴梅平原3个区域文化已经出现相互交流和影响；对岭南考古乃至中国考古都具有重要的学术意义。

关于这项考古新发现的价值，中国考古界权威、北京大学考古学系教授邹衡老先生说，屋背岭商代遗址的发掘，既反映了中原文化的共性，又有岭南文化的特性，说明广东从商时期起就有自己独特的文化。这次发掘成果从考古学的角度证明了岭南地区早在3 000多年前就有了自己的文明存在。

周原铸铜遗址之谜

考古人员对扶风岐山之间的周原遗址的庄白李家村附近一处作坊遗址进行了重点发掘，共发现陶范15 000多块和大量与铸铜有关的遗物。这些陶范中有近700件可辨认出其所铸造的铜器器物形状，如鼎、簋、尊等。经专家确认，这处作坊遗址应为铸铜遗

◆ 周原遗址

址，并可能使用于整个西周时期。这是继洛阳北窑铸铜遗址之后中国发现的第二处西周铸铜遗址。

此外，文物部门在铸铜遗址附近还发现了两座车马坑。其中一座随葬着两马一车，其车与马上均装饰有大量的青铜饰件，这也是迄今周原遗址发现的车马坑中车辆结构保存最为完好、车马饰件资料最为丰富的一座，为西周车马制度的研究提供了重要的实物资料。

春秋时期大型车马坑之谜

洛阳市文物工作队在一处春秋时期墓葬的陪葬坑内出土了大量车和马的残骸。该陪葬坑分车坑和马坑，两坑相邻，面积均近50平方米。

车坑内，共清理出53个车轮残骸和大量的车饰及青铜器件，还发现5只陪葬狗的残骸。据推测，坑内陪葬车的数量不少于27辆。

马坑内，共清理出56匹马的残骸。据文物专家介绍，车马坑是古代贵族

◆ 铜车毂和车饰饰件

◆ 洛阳车马坑的车坑

大墓旁边埋葬车马的附葬坑，通常车和马在一个坑内，分开的情况比较少见，而且这两座坑陪葬车、马数量之多，更是罕见，它为进一步研究春秋时期的丧葬制度和车制等提供了重要的实物资料。

重庆云阳县旧县坪遗址之谜

◆ 云阳旧县坪出土的各种器具

三峡文物考古工作者在重庆云阳旧县坪遗址发掘文物千余件。旧县坪遗址位于云阳县城西南15千米的双江镇，面积约100万平方米，海拔高度145～175米，在三峡文物保护规划中被列为A级发掘项目。

出土遗物最多的是与冶铸相关

◆ 云阳旧县坪遗址

◆ 云阳旧县坪出土的陶罐

的铸范、模具、残炉等，铸范多是陶质，也有石质。出土的器型有刀、凿等。其中戈的造型为典型中原战国时代风格，而斧则为巴式的钺型斧。陶器中也见有楚式鼎、绳纹瓦、豆和川东地区常见的花沿罐共存的现象，反映出当时文化交流与碰撞的频繁。

值得注意的是，考古学家在云阳李家坝发现“朐忍丞印”封泥之后，又在此遗址发现一件底部刻有“朐”字的陶钵和一件“口君”字样的封泥。专家认为，这些成果为下一步确认汉朐忍县城的位置、城市布局、建筑特征，进而研究遗址功能，复原遗址面貌打下了基础。

秦始皇欲成仙之谜

中国考古学家在世界八大奇迹之一的秦始皇兵马俑附近发现了13只2 200年前的青铜鹤，其中两只已证明为仙鹤。鹤是中国人传统的吉祥鸟，象征着长寿，跟鹤有关的礼物至今仍受中国老人欢迎。史籍记载，秦始皇痴迷长生，曾为寻找不死药，派遣大批方士出海苦觅。青铜鹤的出土是中国首次出土单独青铜动物雕塑，这两只青铜仙

◆ 秦陵青铜鹤

鹤一只头直立回望，体长1.02米；另一只低头觅食喝水。其他则或立或卧，姿态各异，考古人员正在进行清理。

此次发现的仙鹤坑距离秦陵中心3千米，是迄今发现的最远陪葬坑。据悉，秦陵所展示的文化现象比想象的要复杂得多，30年的考古工作还只是个开始。

秦皇陵地宫布局之谜

秦皇陵地宫就在封土堆下？通过最新遥感考古和物探勘查，中国第一个帝王陵园的布局之谜已经解开。对秦始皇陵园第一次全面的考古勘察始于1962年，考古人员绘制出陵园第一张平面布局图，经探测，陵园范围有56.25平方千米，相当于近78个故宫，引起考古界的轰动。

◆ 秦始皇像

墓室约一个足球场大

◆ 秦兵马俑

地宫是放置棺椁和随葬器物的地方，为秦皇陵建筑的核心。

民间曾传说秦陵地宫在骊山里，骊山和秦陵之间还有一条地下信道，每到阴天下雨的时候，地下信道里就过“阴兵”，人欢马叫，非常热闹。据悉，考古学家曾根据这个传说作过很多考察，但一直找不到传说中的地下信道。后通过遥感和物探的方法探测，发现

◆ 秦陵

地宫就在封土堆下。据专家介绍，地宫位于封土堆顶台及其周围以下，距离地平面35米深，东西长170米，南北宽145米，主体和墓室均呈矩形状。墓室位于地宫中央，高15米，大小相当于一个标准足球场。

宫墙坚固墓室未坍塌

研究人员发现在封土堆下墓室周围存在着一圈很厚的细

◆ 秦陵地宫展览馆

夯土墙，即所谓的宫墙。经验证，宫墙东西长约168米，南北141米，南墙宽16米，北墙宽22米。专家介绍，宫墙是用多层细土夯实而成，每层大约5～6厘米厚，相当精致和坚固。超出人们预想的是，宫墙顶面甚至高出了当时的地面很多，整座墙的高度约30米，非常壮观！在土墙内侧，研究人员又发现了一道石质宫墙。探测发现墓室内没有进水，而且整个墓室也没有坍塌。而关中地区历史上曾遭受过8级以上的大地震，秦陵墓室却完好无损，这与宫墙的坚固程度密切相关！

◆ 地宫中以水银表示帝国的疆域版图

地宫有道“防水大坝”

除了宫墙，研究人员还发现秦陵周围地下存在规模巨大的阻排水渠。阻排水渠其实是堵墙，底部由厚达17米的防水性强的清膏泥夯成，上部

由84米宽的黄土夯成，规模之大让人难以想象。秦始皇陵园东南高、西北低，落差达85米，而阻排水渠正好挡住了地下水由高向低渗透，有效地保护了墓室不遭水浸。

防腐防盗

《史记·秦始皇本纪》记载，地宫内“以水银为百川江河大海”。物探证明，地宫内的确存在明显的汞异常，而且汞分布东南、西南强，东北、西北弱。如果以水银的分布代表江海的话，这正好与中国渤海、黄海的分布位置相符。秦始皇曾到过渤海湾，所以他很可能把渤海勾画进自己的地宫。如果这被证实，可以说明秦代时对中国地理就已经有了调查和研究。

秦始皇以水银为江河大海的目的，不单是营造恢宏的自然景观，在地宫中弥漫的汞气体还可使入葬的尸体和随葬品保持长久不腐烂。而且汞是剧毒物质，大量吸入可导致死亡，因此地宫中的水银还可毒死盗墓者。

地宫中的石质墓室

物探同时还发现，地宫中存在石质墓室。但是却只有东、西各一条墓道，其余则是一些陪葬坑。从商周到汉代，帝王的墓道通常都为4条，分别贯穿东南西北4个方向，象征身份和地位的尊贵，而普通官员和百姓的墓道为一条或两条。按常理，秦始皇的墓室也应为4条，但目前却仅仅发现了东、西两条墓道。这一发现引起专家的极大关注。

秦始皇脑子里在想什么，谁都说不清楚。这位生前骄横跋扈、性情不定的始皇帝，死后留下的陵墓必然扑朔迷离。

阿房宫消失之谜

◆ 后人仿建的阿房宫

阿房宫遗址位于陕西省西安市西郊15千米的阿房村一带，目前勘探面积已经达到20万平方米。专家从现场出土的建筑夯土痕迹看，前殿的基址最少在54万平方米以上，是迄今为止世界上规模最大的宫殿遗址。西汉时，阿房宫遗址被划入上林苑范围内进行宫苑建筑。阿房宫因地势高历代多为驻军之地，宋代以后逐步夷为农田。1961年，阿房宫遗址被中国公布为“第一批全国重点文物保护单位”。阿房宫是中国历史上著名的建筑，但是关于阿房宫消失的原因，却一直是个谜。传说最多的一个版本是项羽烧的，但考古工作者

◆ 阿房宫前殿铺瓦痕迹

◆ 后人仿建的阿房宫

◆ 阿房宫遗址中的夯土台

在阿房宫前殿遗址只发现了几处红烧土遗迹，因此有关项羽放火焚烧阿房宫的记载是不准确的。

专家推测，阿房宫很可能没有完工就遭到了破坏，至于何时遭到破坏，又以什么样的方式破坏，目前还是个谜。不过随着发掘工作的进行或许能揭开这个千古之谜。

里耶秦简之谜

秦始皇“焚书坑儒”是中国历史上著名的文化浩劫，而湘西里耶发现的2万枚秦简是怎样逃脱劫难的呢？北京大学历史系教授吴荣曾认为，里耶秦简是官府文书，并不在“焚书”之列，因而在那场文化浩劫中幸免于难。那么，这些秦简有何用途？上面

◆ 里耶遗址

都写了什么？湘西地处秦王朝西南角，为何会有如此惊人的秦代考古发现呢？40余位考古界权威专家经过讨论，一致认为湘西里耶秦简述亲代当地官署文书，极大地增添和充实了秦代的历史文献和档案资料，是近百年来秦代考古最重要的发现之一。

他们认为，湘西里耶秦简内容丰富，涉及政治、军事、民族、经济、法律、文化、职官、行政设置、邮传、地理等诸多领域，极大地丰富了人们对中国历史上起承前启后作用的秦王朝有关制度的了解和认识，对秦史研究具有不可估量的价值。

专家们还指出，湘西里耶秦简所处湘西酉水流域及武陵山区，不仅战国时期是楚秦等国相继开发、对峙、征战的前沿地区，更是历史上多民族生息、繁衍、杂处之地，秦简的发现不仅有助于填补该地区历史记载缺失的空白，了解和认识该地区一些重大历史事件，更有助于该地区考古学文化与民族文化发展序列与谱系的认识和建立，使该地区在中国历史和民族发展史中的重要性得以提升。

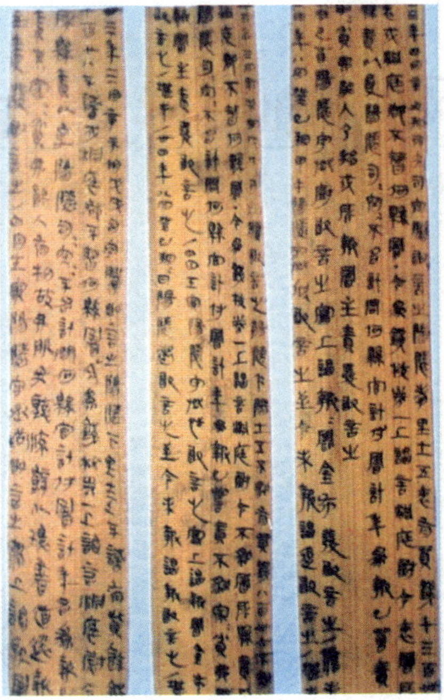

◆ 里耶秦简

抚仙湖水下考古之谜

抚仙湖

抚仙湖位于澄江县城南面，横放在澄江、江川、华宁三县之间，湖岸线总长90.6千米，湖的面积为212平方千米，是中国第二深水湖泊，最深处达157米。抚仙湖大约形成于地质年代第三纪末，历史上水位无具体记载。抚仙湖因其水质好，

◆ 抚仙湖

成为云南最清澈、透明的湖泊。其出水口在东岸的海口村，经过15千米长的峡谷汇入南盘江，最后经珠江归于南海。

耿卫发现水下古城

澄江，古为梁州界，战国时期为滇国，西汉元封五年（公元前106年）置俞元县，唐武德元年（公元618年）置南宁州，武德七年置西宁州，唐贞观八年（公元634年）更名黎州，置梁水县，

元朝后改为河阳，后定为澄江。而原来有记载的俞元古县城却在史书上神秘消失了，世人都不知道它在哪儿，就说是沉到抚仙湖下面去了。那么，俞元古城是不是沉没在这里呢？不是的话，又到哪儿去了呢？

1992年5月2日，澄江抚仙湖畔某厂职业潜水员耿卫在抚仙湖一次意外的潜水中，发现水下有一些类似石板的东西，他觉得这些石板不像天然形成的，一时间，他想到百慕大三角、金字塔及抚仙湖里有一座古城的传说……带着恐惧和疑惑，他立即游上了岸。为了一探究竟，不久耿卫又下水了。这次他还发现了石条及类似台阶状的石级，还有石板上的一些圆孔，圆孔中一些类似“石钉”的东西。

直到以后他在水下拍了片，写了报告交到澄江县政府，尔后又拍摄了水下录像，耿卫的发现才渐渐公之于众。

水下考古队要解抚仙湖之谜

2001年6月3日，随着中央电视台水下直播抚仙湖工作的开始，抚仙湖水下考古工作正式启动。这是一支由15人组成、来自中国历史博物馆、中国目前唯一的一支水下考古队，还请来了中国目前考古界最权威的专家，动用了中国目前唯独两艄深潜器的其中一艄“鱼鹰”号，动用了最先进的声纳技术和水下机器人。

当天，水下考古队的考古调查取得突破性进展，水下石头构筑群被初步认定为古代建筑遗址，年代距今约1 750年，因其规模大，暂时排除了“俞元古城”的说法。但是还不能确定水下古建筑的功能。当天又在水下发现一陶器，根据其大小造型，考古学家认定其为古代当地人的生活用具——陶锅或陶壶，是用来煮或装盛食物的，由此把这一水下遗物的时间推断为战国到西汉、魏晋时期。又因这个陶器紧紧地镶嵌在水下的石缝中，所以判断出水下古建筑的时间要早于或至少等于这个年代。考古队员从水下取了一个螺壳，这个螺壳是砌在墙里的，因为后来的东西不可能混进墙里，所以螺壳只能比建筑早或与建筑同时代。根据碳14测定，这枚贝壳至少是1 750多年以前的东西。据此推断，抚仙湖水下古建筑应该不晚于东汉中晚期。那么水下古建筑是怎样沉入湖中的呢？从现在情况看，地震造成山体大滑坡的可能性比较大，还有一种可能性是陷落。因为最近四五十年来，有测绘报告说明抚仙湖还在下沉，早期的水深测定结果是155米，最近的测量，发现湖深已达157米，又下沉了2米左右。

水下古城是滇王离宫

据中国建筑考古学“第一人”杨鸿勋教授介绍，抚仙湖水下是一座古城已经是完全可以确定的了，而且是高台建筑。他认为抚仙湖水下古城的内城可能是

滇王离宫，而滇王离宫可能后来就改称俞元县，因地震沉没湖底。

抚仙湖一带的地震记录从1 500年才有，由此可知古城沉没的时间至少在500年前。另外在遗址中心地区有秩序地布置着许多工程量大、工程质量高的岩石建筑结构群，应是社会权威者所需求、社会发达时期的产物，而这一带历史上的发达社会又非滇国莫属，由此看出这些建筑也非滇王莫属。从碳14测定看，遗址已有1 750年，除去误差，正是西汉武帝元封二年（前109年）赐滇王金印的时候，它表明滇国进入新的稳定发展阶段，开始了一个和平建设的新局面，而这时建造离宫别院是情理中的事。西汉末期，滇王势力有所削弱，大约到东汉中期，滇国地方政权被汉郡县统治所取代，滇告消亡。所以此时迁都滇池城，将抚仙湖畔的滇王离宫改作县治——俞元县，是完全可能的。但是即使是俞元建制变更地名，也应保留或留下更名的记载，为什么南北朝后俞元信息完全中断呢？目前还是个谜。

尼雅遗址之谜

21世纪初，英国人斯坦因在新疆塔克拉玛干大沙漠的南缘尼雅河畔发现了一座古城遗址，并从这里挖掘出封存了千年的各种珍贵文物12箱之多。当这些文物被带回英国时，西方学者大为震惊，这就是被称为东方“庞培城”的尼雅遗址。

有人提出，尼雅遗址就是中国史籍中记载的西域36国之一的精绝国。据

◆ 尼雅遗址

《汉书西域传》记载，精绝国位于丝绸之路的咽喉要地，“泽地湿热，难以履涉，芦苇茂密，无复途径”，由此可以看出精绝国是一片绿洲。然而公元3世纪以后，精绝国突然消失了。

◆ “五星出东方利中国”织锦

那么，精绝国是如何消失的？它为何被埋没于滚滚黄沙之中？为什么璀璨的绿洲变成了死亡的废墟？为此，历史学家们困惑不解。

为了揭开这千古之谜，1995年10月，中日两国考古学家深入塔克拉玛干沙漠，开始了对尼雅遗址的大规模科学考察。此次挖掘出土文物之丰富，保存之完好震惊了中国乃至世界考古界。这次考古价值最高的发现是大量保存完好、特色鲜明的织锦和写有佉卢文的木简函牍。其中“五星出东方利中国”织锦质地厚实，纹样瑰丽流畅，色彩艳丽，世所罕见。大量的佉卢文档案也让考古学家们欣喜若狂。

佉卢文最早起源于古代犍陀罗，是公元前3世纪印度孔雀王朝的阿育王时期的文字，全称“佉卢虱底文”，公元4世纪中叶消失。18世纪末，佉卢文已经成了无人可识的死文字，直至1837年才被英国学者普林谢普探明了佉卢文的奥秘。但是问题在于公元3世纪时，佉卢文在产生它的印度消失了，怎么突然又在异国他乡出现了呢?这着实让历史学家们摸不着头脑。最诱人的当然是佉卢文木牍的内容。解读它们发现，尼雅王国长期受到来自西南方SUPIS人的威胁与入侵。但是在各种史书上从来没有关于SUPIS人的任何记载，这个凶猛好战、富于侵略的民族会是些什么人？尼雅王国后裔们的命运如何？这些未解之谜让历史学家们苦思不得其解，而尼雅王国的最后归宿，又令人嗟叹不已。

法门寺之谜

据说在阿育王统治印度的时代，把释迦牟尼的“舍利”分成88 400份，送到世界各地建塔供养，以弘扬佛法。而世界各地，也同时建了8万多座塔，中国的法门寺就是其中之一。这话并没有人相信。因为阿育王比中国的秦始皇还早。而那时，佛教还没有传播到中国。

法门寺塔创建于东汉时代，这座寺是先有塔，后有寺，建成时叫“阿育王寺”，据说寺里供奉着印度僧人带来的佛骨。唐朝时改名为法门寺，成了皇帝经常朝拜的场所。1 000多年间，法门寺经历了多次重修改建，由

◆ 法门寺

原来的木塔变成了13层砖塔。1981年8月24日，天降大雨，塔身裂开，西半边全部倒塌，只剩下一小部分残墙断瓦，一片凄凉景象。1986年4月2日，负责修塔的人员清理现场时发现一个巨大的石盖。1987年1月，考古工作者来到现场，揭开石盖发现是几级台阶，连接着一条黑洞洞的隧道，隧道尽头有石门，打开石门，赫然出现一座规模宏大的地宫！

地宫由前室、中室、后室组成，全用石头砌筑，每座石室间都有石门，一共4道，简直和皇帝陵墓的结构相似。在中国考古史上，还从来没有见过如此规模的佛塔地宫。地宫里的文物琳琅满目，全是唐代的稀世珍宝。其中有120多件工艺精绝的宫廷金银器、400多件珠宝玉石、17件玻璃器皿、16件“秘色瓷”，还有一大批花色绚丽的丝织品。

地宫封闭1 000多年来从没有被人动过，简直是“佛祖有灵”了。然而，最惊人的发现是地宫里安放着4个金银宝盒。宝盒重重相套，共有8层。第

◆ 法门寺

8层内，装着一个小舍利塔，塔中放置着一段指骨。4个宝盒均是如此。经专家鉴定，其中一段是释迦牟尼真正的指骨，称为“灵骨”；其余3段是仿制品，称为“影骨”。有意思的是，发现第1枚指骨那天，正好是释迦牟尼诞生2 530周年纪念日。

白帝城考古之谜

刘备遗体葬于何处之谜

刘备遗体葬于四川成都还是重庆奉节？这是若干年来众多三国迷关心的一个问题。奉节县永安宫负责人高应生认为，凭借当时的条件，要把刘备遗体从奉节运回成都是极不现实的，而且当时战况对蜀极为不利，蜀国没有精力处理这件事。考古专家袁东山也认为，从文史资料记载来看，刘备葬于奉节的可能性极大。但是不同意社会上流传的刘备葬于奉节县城一座宾馆下的说法。他认为三国时没有把墓地建在城里的习惯，诸葛亮也不会把刘备的遗体安放在人群集中的县城里。所以刘备墓有很大可能在奉节，但肯定不在奉节县城里。

◆ 白帝城托孤堂

◆ 白帝城

◆ 白帝城遗址

刘备托孤地点之谜

在奉节县，有两个汉昭烈皇帝刘备的托孤堂，一个在白帝庙内，一个在永安宫里。两个托孤堂所陈列的雕塑也迥然不同，一个里面有21位人物，而另一个托孤堂里只有5个主要人物。白帝庙前殿的托孤堂里，除了刘备、诸葛亮、李严、刘理、刘永五位主要人物外，还有赵云、张翼、吴班、陈震等，最值得一提的是，在这些人物中，还有一位侍妃和两位早于刘

备托孤的将领。据介绍，这是1984年，白帝城博物馆根据《三国演义》描绘的情景塑造的。

与白帝城托孤堂不同的是，永安宫托孤堂里只有刘备、诸葛亮、李严、刘理、刘永五位主要人物。据专家介绍，从文献记载和考古发现来看，历史上的刘备托孤实际上是在奉节的永安宫，而不是白帝城。

四座古城遗址之谜

考古工作者经过4年多的辛勤工作，目前已初步在白帝城遗址范围内确定了汉赤甲城、六朝巴东郡、唐夔州城、宋代抗元山城四座古城遗址。

据考证，公孙述所筑的赤甲城在赤甲山上，在子阳

一带；六朝巴东郡在奉节氮肥厂一带。唐代夔州城被判定位于白帝、鸡公两山山坳间，并在这一地区发现两片唐代建筑、大片唐代墓群等5处唐代遗存。宋代抗元山城在夔门西口近5平方千米的范围内封闭为一个整体，涉及白帝山、鸡公山、马岭和子阳城。

白帝城“宋城遗址”之谜

自20世纪70年代以来，白帝城附近的农民深翻土地，都能发现大量的瓦砾、木炭和大条石。也许白帝城遍地是古迹，农民谁也没有意识到这些东西的价值，挖出来的大条石大多成了自家建房的地基。

1998年，重庆市考古所开始在白帝城进行考古调查、勘探和发掘工作，2000年才初步确定并复原了南宋白帝城的基本面貌：即在瞿塘峡西口，现在仍然保留有7 000余米城墙，在5平方千米范围内封闭为一个整体的山城，以白帝、鸡公两山环抱的山坳和两山山顶平地为历代活动区，并留下了大片的建筑遗迹。

据专家介绍，

南宋白帝城依山而建，整个山城前临大江，后靠山岗，地势险要，防御重点在西方之敌。根据调查和局部解剖，整个山城现存城墙是在较短时间内一次性大规模的建设中筑成的，建造方法、城墙风格都较为统一，通过解剖残存的各段城墙填土，内均包含少量南宋影青瓷片，因此专家断定这一山城的建造年代应为南宋时期。

良渚文化消失之谜

◆ 新地里遗址

◆ 良渚文化玉兽面纹镯

◆ 良渚文化兽面纹玉璜

被誉为“中华文明之光”起源的良渚文化4000年前突然消亡，这一千古之谜一直使海内外众多考古学家为之牵挂。直到浙江文物考古工作者对桐乡留良乡湾里村的“新地里”第八十六、八十七号墓进行发掘，才使良渚文化的由来去终这一重要课题有了重要突破。

良渚文化遗址最早发现于1936年，分布在江苏、浙江、上海三省市境内。它见证了长江下游古代文明和文化的发展，并被世界考古学界认定为中国和世界东方早期文明的主要代表之一。目前业内人士认为良渚文化上限距今5 200～5 300年，下限距今4 000年左右。然而紧随其后的马桥文化，上限为3 700年左右。两者之间，存在着300～500年的历史断层，这一直是学界的未解之谜。

“新地里”遗址恰处在良渚文化晚期或消亡前夕的末期，历时3个月的发掘发现墓葬95座，其中良渚文化时期的87座被确认为是目前已知的全国良渚文化时期最大的墓葬群。

◆ 良渚石斧

考古人员介绍，经发掘共出土玉器、石器、陶器等各类珍贵文物900多件。其中，最有价值的是神兽纹玉牌饰。这件玉器呈小巧的蝴蝶型，图案的上半部分是一个神人的模样，下面刻着兽面，工艺十分精美。据考证，这种神兽造型很可能是当时插在帽子上以示身份的对象，一般只可能在良渚文化中等级非常高的墓葬中出现。有趣的是，据文字考证，“皇帝”的“皇”字就是从神兽图案演变而来的。

◆ 良渚文化的玉神兽面纹琮

学者认为，“新地里”遗址的发现传递出很多考古信息：它是迄今为止良渚文化发现的最大墓葬群，超过了江苏赵陵山发现的85座墓葬群；其间跨越了良渚文化中期到晚期约400～500年的时间，墓葬群显示已经有“穷人”和“富人”、“平民”和“贵族”的等级之分；“新地里”遗址出土的高颈壶等明显具有受中原文化影响的痕迹，证明良渚文化晚期与外来文化的交流已经开始。遗址一号灰坑所保留下来的良渚文化中最晚的遗物，为探讨良渚文化的年代下限和去向问题提供了非常重要的资料。

尉迟寺考古之谜

蒙城县尉迟寺史前聚落遗址自1989年考古发掘，先后出土大汶口文化时期的红烧土排房17排84间，各类陶器、玉器、骨器、石器等文物 1 万多件。经专家鉴定，此遗址在距今5 000年左右，已经具备了初期城市的一个雏形和文明时代的基本因素，露出了文明的曙光。但是初步掌握遗址和聚落中心房屋的整个布局，仍不敢说已经划上了圆满的句号，地下可能还埋藏有很多东西，有很多不解之谜。

◆ 尉迟寺遗址

“铜鼓王”之谜

广西博物馆收藏有一面世界上最大的铜鼓，其直径达165厘米，重达300千克，号称世界铜鼓之王。

从1980年起，铜鼓专家纷纷赶到南宁，希望能从铜鼓王身上研究出其铸造的年代及功能，但都望鼓兴叹，没有结果。为此专门成立了一个铜鼓研究会，但直到现在，铜鼓王铸造的方法及用途也没有确定说法。

据了解，广西不但拥有世界铜鼓之王，还拥有全国最多的铜鼓，仅广西博物馆便收藏有300多面。但遗

◆ 铜鼓王

◆ 铜鼓王

憾的是，不仅铜鼓王之谜解不开，就是其他铜鼓出现的最早年代及当初因何造鼓、哪个民族最先使用等系列问题也无法弄清楚。为了解开铜鼓王的高超铸造工艺之谜，广西科委多次拨款数十万元人民币，用于复制一面铜鼓王，但花了好几年时间，至今仍无进展。

唐僧尸骨之谜

◆ 唐僧塑像

唐僧，法号玄奘。公元627年，他离开长安，开始西域之行。17年后，行程2.5万千米，从印度取回了经卷。回国后，又用20年的时间进行翻译，直到去世。而奔波一生的唐僧，死后也没有能够真正安息。在后来的1 000多年中，这位高僧的遗骨遭受了数不尽的劫难。

唐朝末年，大军阀朱温为了把政治中心转移到洛阳，下令拆除长安所有建筑物，保存

唐僧尸骨的兴教寺也未能幸免。由于有僧人抢出了唐僧的部分遗骨，才使这位高僧的遗物没有在世界上彻底消失。

宋朝仁宗年间，南京天禧寺有位叫可政的和尚去陕西终南山紫阁寺，得到了唐僧的头顶骨，迎回南京。他在天禧寺建了一座石塔，把唐僧的头顶骨安葬在塔下。到了明朝，又在后山土堆上修了座三藏墓塔。

◆ 玄奘寺

到清朝末年，寺和塔一起被毁。而清政府风雨飘摇，内忧外患弄得民不聊生，人们都无心过问唐

僧的遗骨了。1942年，《申报》突然登载了一条消息："日本高森部队于南京中华门外建筑稻垣神社时，发现报恩寺旧址内埋有玄奘法师遗骨及佛像铜匣等，并有宋天圣五年和明洪武十九年两部葬志。"事实上，唐僧的头顶骨确实落到了日本人领军稻田大佐手里，并且打算立即运到日本。南京市民读了《申报》，一时群情激愤，要求汪精卫"政府"出面干预此事。此时，日军在太平洋战争中屡屡失利，已开始走下坡路。而汪精卫也正在为自己的前途惴惴不安，于是想利用此事笼络佛教徒，就派人和日军交涉。日本人勉强答应把头骨分给汪伪政府一半，汪精卫随后就装腔作势地在南京九华山上建了一座三藏塔，把半块头顶骨安葬在塔下。而另外半块头骨的下落，一说是抗战胜利后，由国民党中央博物院筹备处接收，新中国成立后收藏在灵谷寺玄奘法师纪念堂里。另一种说法是：半块头顶骨被运到日本，1956年送到中国台湾，如今在台湾日月潭玄奘寺三藏塔中供奉着。

◆ 南京九华山顶的三藏塔

华清池遗址之谜

考古人员在对华清池保护范围边缘地带的原陕西省游泳馆旧址进行考古发掘时，清理出一座唐代大型建筑遗址，已发掘部分东西长80余米。

据了解，该建筑的大部分柱础石还原地保留着。由于后代损毁扰动，这组建筑的规模及性质还无法判断。考古部门在这处建筑遗址的旁边还发现了总长约40余米的5条陶制水管，据推测，它们很可能就是唐代华清池汤池的排水管道。

专家表示，这处建筑遗址与华清池有关，它的发掘对研究唐代华清宫的规模及布局具有重要的意义。

◆ 发掘的陶制水管

火药发明之谜

据史书记载，古代的炼丹家在长期的炼制丹药过程中，发现硝、硫磺和木炭的混合物能够燃烧爆炸，由此诞生了中国古代四大发明之一的火药。公元808年，唐朝炼丹家清虚子撰写的《太上圣祖金丹秘诀》记载的“伏火矾法”是世界上关于火药的最早文字记载，中国学术界由此认为火药的发明不迟于公元808年。但作为火药最主要的原料——硝的熬制地点在哪里？一直困扰着从事此项研究的专家。

由四川省川西北地质工程勘察院、四川省绵阳市文物局等单位组成的“中国古代火药原料科学考察探险队”，对老君山进行了实地考察。发现老君山地区有朝阳洞、天雨洞、高官洞等十几个人工开

凿的山洞，洞深不等。考察队在朝阳洞等山洞中，发现了排列有序的用来生产的硝池，以及堆积如山的下脚料、废弃物和生活用的灶台等。通过对山洞内的硝池、灶台、水槽的考察，专家认为当时提炼硝的技术已经相当成熟，并初步推算出一担土可以提取400~600g硝。

◆ 老君山

专家们发现老君山周围物产有限，交通不便，却汇集了江西、广东、福建、湖北、湖南、陕西、浙江等省的会馆，因此一致认为，极有可能是经营硝的各省客商云集这里，并建起了各省的会馆。专家们还认为，四川是中国本土教——道教的发祥地，两汉前后道教炼丹盛行，火药又是道教的发明，而老君山的深山密林中至今有宋代修建的4座道教教观，这其中一定有必然的联系。而作为火药基本原料的硝、木炭、硫磺，在当地也都一应俱全，具备了火药生产的基本条件。如果能够论证老君山就是中国火药的发明地，并且是中国历史上规模最大的火药原料开采地，那将是中国和全世界考古界的重大发现之一。

宋代钧窑之谜

河南省禹州市西南部有一个成组分布的古代窑址群，北京大学考古文博院与河南省考古研究所联合对其中的4座古窑址进行了考古发掘，挖出探方29个，发掘面积650平方米，清理出不同时代的窑炉遗迹8座、石砌澄泥池3座、灶1座以及窑前工作场所5处。出土了大批瓷器残件和窑具，总数达数十万片，其中完整

◆ 禹州钧窑遗址

或可复原器物数千件，为研究钧窑本身的生产历史和工艺发展史提供了翔实的资料。

◆ 钧窑陶瓷

此次发掘表明，北宋晚期至金代前期就开始生产早期钧瓷，但主要是小件器物，均制作精良，釉层较薄。其中部分产品还采用了“裹足支烧”的方法，在器物底部留下了细小的支钉痕迹，这种工艺与北宋晚期北方地区诸多窑场流行的生产工艺相同。器物的品种十分丰富，碗、盘、钵、盒、注壶、盏托、连座瓶、盆等，造型优美精致，此外还发现了内施天青釉、外施紫红釉的器物，釉色秀美娇妍，开钧窑陈设类瓷器之先。

在这里，考古工作者还首次发现一座相对完整的土洞式长形分室式窑炉，填补了北方烧瓷窑炉发展史上研究资料的空白。此窑炉形状独特，既不同于过去北方考古中常见的圆形的“馒头窑”；又不同于南方流行的长长的“龙窑”。通过对窑炉的火塘、烟道等部位的考察可以认定，元代在北方地区已普遍采用煤为燃料，但钧窑仍以烧柴为主。

“南海1号”沉船之谜

◆ “南海1号”打捞出来的文物

1978年8月，交通部广州救捞局和英国海洋探测打捞公司在广东台山川山群岛外搜寻沉船时，意外发现一条载有200多件宋元瓷器的沉船，还有一条罕见的镀金腰带。这艘沉船被命名为“南海1号”，初步推断为南宋沉船，距今约700年至800年。

◆ “南海1号”沉船上的瓷器

“南海1号”之所以备受瞩目，是因为初步出水的这200多件文物显示，此船对研究、复原中国从西汉到明清期间重要的对外贸易信道——“海上丝绸之路”的历史，以及中国的造船史、陶瓷史、航海史都具有极为重要的科学价值，它所蕴含的许多宝贵信息，是陆地考古望尘莫及的。

2003年，中国水下考古队在台山川山群岛海域，对“南海1号”沉船进行了考古调查。但是那次工作的重点是“南海1号”沉船遗址的定位及测量，旨在全面掌握沉船遗址的范围、保存状况、遗址分布状况及受破坏的程度，并没有做大规模的测量。因此“南海1号”沉船遗址至今仍然是考古史上的一个未解之谜。

◆ “南海一号”模型

西夏王朝之谜

消失的神秘王国

在古老的丝绸之路上，除了被黄沙埋没的楼兰，还有另一个曾经辉煌、却迅速消失的神秘王朝：西夏。今天的银川西边，有一大片西夏陵园，残存的陵台高大雄壮，加上形制奇特的108塔等佛教遗存，零星地展示着神秘的西夏王朝的盛世威风。

西夏文物因历史原因绝大部分流失海外，在国内仅存145件。这些文物从文字、金属铸造工艺、陶瓷器皿、佛教文化、建筑石雕等各个方面，展示了西夏独特、神秘的文化和艺术内涵。

曾经的辉煌，今日的谜语

当年，这个与宋、辽、金鼎

足而立了189年的国家，自称为“大夏”。从公元1038年李元昊立国，到1227年被成吉思汗灭国屠城，10代西夏王统治期间一幕幕的生动历史剧，竟在很长时间里被遗忘得干干净净。这是因为成吉思汗亲率强兵劲旅六征西夏，均遭到顽强抵抗。在最后一次征讨西夏时，还曾被蒺藜掀下马，因此心情郁闷身罹重病而逝（一说为中毒箭而死）。临终前，他怀着对西夏的恨，下了3道灭绝西夏的诏令：灭绝西夏王、西夏族人、西夏文化。西夏陷落后，蒙古大军不光血洗西夏，后来的元朝史家在修史时也有意跳过西夏，使之成了唯一不入“二十四史”的王朝。党项人和西夏文明从此成为中华民族历史长卷中鲜为人知的“神秘古国”。

西夏文物无价宝

西夏文，是开国皇帝李元昊让大臣野利仁荣等创造并在国内推广的。这种文字是模仿和借用汉字笔画、重新创制的全新方块文字，笔画繁琐、结构复杂，每个字都在10划以上，没

◆ 西夏碑

◆ 鎏金铜牛

有汉字常用的竖钩，而喜用撇、捺。50年里，尊奉佛教的西夏人用自己的文字译出了3 600多卷佛经，也记下了自己的历史，这种文字在元朝以后消失。1804年，清朝史地学家、武威人张澍，在一家寺院游玩时发现一座封闭已久的碑亭，传说一开就会有风雹之灾。他对天发誓，保证开门造成的灾难由他一人承担，门打开了，里面只有一座完好的石碑，正面所刻字“乍视，字皆可识;熟视，无字可识”，反面刻有汉字译文。这通石碑就是有名的《重修凉州护国寺感应塔碑》。张澍这一偶然发现，使久已死亡的西夏文重为世人所知，他也成了第一个明确识别出西夏文字的学者。而埋藏在敦煌和黑水城的西夏文献出土，也使“大夏人”终于自证了他们的存在。1917年在宁夏灵武县还出土了120多册已经残破的西夏文献，其中包括用活字印刷术印刷的《大方广佛华严经》，它为研究活字印刷术提供了样本。国家图书馆2003年开始对这批文献进行修复，现在已修复完整。在修复过程中，专家们还有两处

新发现：第一是在进行纸张纤维检测时，发现了用竹纸印刷的西夏文献。第二是在修复中还发现了一章用来裱糊封皮的卖粮的残片和贷粮帐残片，上面记载了售粮日期、人名、粮食品种和价钱，这是直接反映西夏社会生活的重要史料。

“鎏金铜牛”是宁夏博物馆的镇馆之宝，身长1.2米，重188千克，牛身横卧，头上两角弧度优美，两眼圆睁，全身折射出柔和的金色光芒。制作它需集冶炼、模具雕塑、浇铸、焊接、抛光和鎏金等工艺于一体。在西夏王陵中还发现一红一白两个碑座，上有浮雕男女力士像，人物曲膝跪坐，面形浑圆，双目圆睁，袒胸露乳，可以分得出男女，不少样貌都与中原人迥异。还有一组木雕人物，顶上秃秃，只在脑后或头两侧有切削过的头发分披下来，显然是当年西夏人接受“秃发令”后的模样。

河北梳妆楼之谜

◆ 梳妆楼

河北沽源境内的元代墓葬建筑“梳妆楼”经考古勘察，确定其墓主为元世祖忽必烈的外孙阔里吉思，从而推翻了是辽代肖太后“梳妆楼”的推测（明代《口北三亭志》有类似记载，当地居民也流传着这样的说法）。然而其中又发现了新的不解之谜，据考古专家说，元代墓葬很多，但是元代蒙古人的墓葬却极为罕见，而具有这种墓上建筑物的贵族墓葬更是独一无二。因为蒙古贵族死后墓地一般迁回其民族发源地，并用马牛踏平，不留痕迹。但此墓为何建有祭祀建筑，目前还没有答案。阔里吉思的墓葬何以未被迁回，并且违反祖训，在其墓地上建有建筑物？其主要原

因可能是："蒙古"一词早先只是指蒙古草原的一个部落，自成吉思汗统一各部后才成为各部的共同名称，而阔里吉思所属的汪古部并不是真正狭义上的蒙古人。

郑成功古战船遗址宝藏之谜

1999年底，福建漳州市东山县西埔镇冬古村村民捕捞时，一网拖上来有鱼虾也有青色的碗碟，碗碟有碎的也有完好的。2000年1月23日，冬古湾退潮后，两位渔民无意中发现两处特别的堆积物露出海面。村民们用锄头、铁锹挖，竟然源源不断地挖出很多钱币、地雷、盘碗等东西。渔港岸边一个工人看了打捞上来的盘、碗、古炮后，觉得可能是文物，就打电话报告县博物馆，一个重大发现就此问世。据史料记载，东山是民族英雄郑成功的主要军事基地之一，现在还留有大量郑军遗迹。2000年打捞上4门铜铳，上面均铸有“国姓爷”的“国”字，证实这是明末清初郑成功部队所使用的武器。从遗址中打捞出的“永历通宝”钱币，可初步确定沉船的年代是南明永历年即1647年至1661年间。发现的瓷器经鉴定也是明末清初的青花瓷。打捞上来的东西多数是兵器，证明这是条战船。

而当时能在东南沿海雄踞一方的，只有郑成功的舰队。有专家据此推测，冬古湾沉船是郑成功的战船。考古队员利用岛冬古湾出现的难得的大退潮，使郑成功古战船沉船遗址全部露出了水面。专家介绍，两艘沉入海水中300多年的古战船的出水，将对研究郑成功收复台湾提供重要的历史实物。这次挖掘

◆ 郑成功战船中的青白釉碗、茶杯、茶色瓷碗

◆ 郑成功战船中的铠甲铜叶片

的两艘古战船中尚有多少兵器等宝藏？还不大清楚，但随着挖掘工作的进行，相信这些秘密很快将一一揭晓。

清袖珍作弊书之谜

浙江省东阳市一户农家中有上下两册《五经全注》袖珍作弊书，长5.7厘米、宽4.3厘米、厚0.8厘米，每册85页，每页22行，每行38字，全书共14万字。这是古代考生专门用于作弊的全国最小的石印微刻《五经全注》孤本。据了解，目前国内发现的作弊本只有七八种，其中最珍贵的一册珍藏于南京江南贡院，长7.5厘米、宽5厘米，每页540字，共

◆ 袖珍作弊书

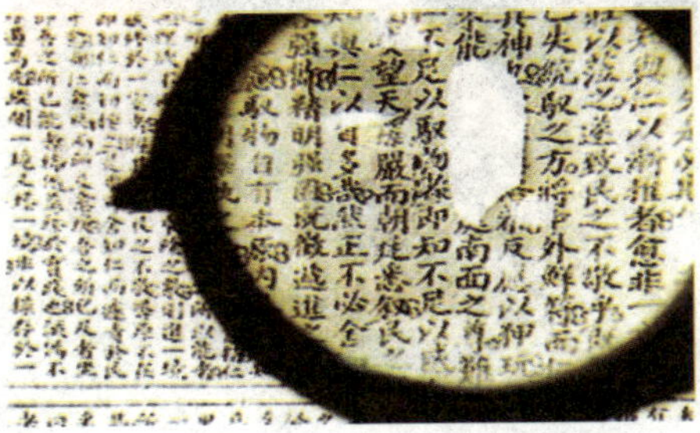

30页，全书1.6万字，被称为“压库之宝”。东阳目前发现的石印微刻《五经全注》孤本比南京江南贡院的“袖珍书”体积更小，字数更多，内容更丰富。每个字不到1毫米，但看起来十分清晰，可见当时石印技术之高超。该书印行于光绪己丑年，内容依次为《易》《书》《诗》《礼》《春秋》，接下来是《临文要诀》以及格式、避讳等考试常识。

据有关专家考证，该书籍比特制的靴子后跟略小些，当时朝廷为了防止考生夹带作弊物，规定衣褂袍裤乃至帽子袜子都必须是单层的。于是有考生绞尽脑汁想出了用靴跟夹带小书的“绝点子”。

日本出土的四神镜之谜

1917年日本在兵库县丰冈市森尾古墓出土了一面约2 000年中国制造的方格规矩四神镜。经专家研究鉴定，这面直径12.9厘米、重约390克的青铜镜上除有四神外，还有表示大地的方格和表示支柱的T字图纹等。从铜镜的铭文和形式判断，是中国西汉末年王莽时代的制品。经X光鉴定，发现有“言之纪镜”等文字，而且肉眼能看出“苍龙在左白虎右”等文字。

◆ 西汉四神规矩镜

森尾古墓是1917年被偶然发现的，在这座古墓中同时还发现了两面三角缘神兽镜。日本京都大学中国考古学副教授冈村秀

◆ 日本出土的三角缘神兽镜

典说，日本只有北部九州和北近畿地区发现了《汉书·王莽传》中被看做倭人的“东夷王”朝贡记事中所描写的当时中国制造的铜镜、货币和铁制大刀。森尾古墓中所埋葬的是否是“东夷王”，现在还不清楚，但“东夷王”与北部九州的倭人同中国进行交流是肯定的。

朝鲜古人类化石之谜

朝鲜社会科学院考古学研究所的考古人员，在咸镜北道花台郡石城里的一处火山熔岩中发掘出一批古人类化石。这是迄今为止世界上首次在火山熔岩中发现的古人类化石。这些化石包括一名妇女、一名少年和一名幼儿的头盖骨、骨盆骨、大腿骨和臀骨等。专家经过研究认定，火山口喷发的地质年代约为70万年至10

◆ 火山口发掘现场

◆ 花台人头盖骨化石

◆ 花台郡火山熔岩地貌

万年前的第四纪更新世中期。经热萤光法和高磁性分析法等方法测定，这里出土的古人类化石的绝对年代为距今30万年以前。这批古人类化石兼有人类的原始特征和现代特征，朝鲜科研人员把它们定名为“花台人”。

巴米扬大佛像之谜

2002年，当塔利班毁坏两尊具有极高考古价值的巴米扬大佛像时，世界各地的人都感到愤怒并为之痛心。但是，有迹象显示，塔利班似乎漏掉了另外一尊佛像。长期以来，考古学家们一直怀疑存在着第三尊佛像，这是一尊卧佛，它估计要比那两座大得多，虽然没有人知道它究竟在哪里，但是却没有人怀疑它的存在。唐玄奘的《大唐西域记》里描绘了位于两尊佛像之间的这尊卧佛，它大概有274米长，体积约是那两尊中较大一尊的5倍，并且它比较靠近较小

◆ 被毁的巴米扬大佛像

的那尊。

被毁的两尊巴米扬大佛建造历时200多年，大约建于3世纪到5世纪之间。因为当时在不同位置雕刻佛像的现象很普遍，因此当时建造这两尊佛像的人很有可能同时建第三尊佛像。目前尚不能确定的是，这尊佛像是否像其余两尊一样也雕刻在悬崖里，或者是独立式的雕刻。

◆ 巴米扬山谷

卡拉奇木乃伊之谜

巴基斯坦卡拉奇的博物馆中有一具2 600年前的木乃伊。这具木乃伊长196厘米、高56厘米，头顶一只黄金铸成的皇冠，另有黄金面具

蒙面。尸身整个被浸泡在石蜡和蜂蜜的混合液中，保存相当完好，与古埃及木乃伊的风格如出一辙。唯一与古埃及木乃伊不同的是，这具木乃伊胸前的金盘上，刻的是古波斯语的祭文，因此伊朗曾索要国宝。而巴基斯坦则说：木乃伊的身世，需要时间去探寻答案。

◆ 卡拉奇的博物馆

经科学研究，这具木乃伊系公元前600年的产物，为一女尸，死时年仅18岁。一些历史学家推测女尸是一个名叫“卡姻”的古埃及公主，被远嫁波斯，成为古波斯“卡如什”王朝第一个国王卡比尔的儿媳。

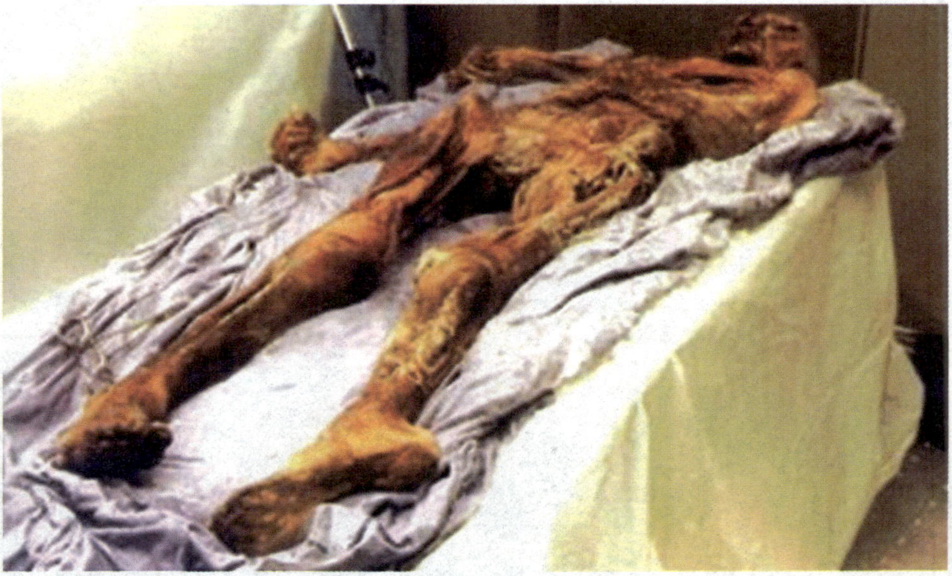

◆ 卡拉奇木乃伊

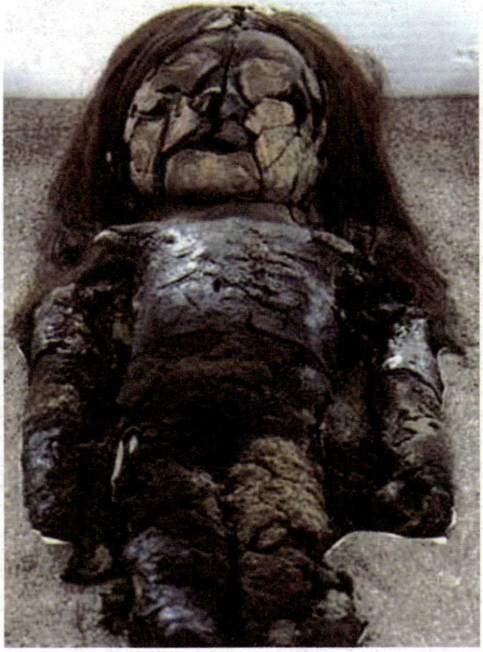

公主的传说虽然充满了神奇色彩，但一些人依据木乃伊胸前波斯语祭文的金盘，又相信这一推测是确凿无疑的。因为世界历史和考古界早已确认，木乃伊是古埃及人独有的创造。如果这具木乃伊真的出自古波斯，那么世界历史和考古学将被重写。但不论怎样，历史和考古界一致认定，在埃及之外发现神奇的木乃伊，是考古史上的重大发现，堪称世界一大奇迹。

二、欧洲考古中的秘谜

一日建成罗马城之谜

◆ 古罗马城的水道

考古学家发现惊天之谜，最新的证据证实罗马城确实是公元前625年8月13号的日落之前开建并完工的。为证明此说法，考古学家们出示了一份由恺撒本人亲自签署的卷轴合同文件，上面说：我们巴比伦A1Jeida建筑公司同意在公元前625年8月13号这一天开始动工并完成罗马城建筑的修建，如果我们不能完成，恺撒大帝可

◆ 古罗马遗址

以砍下我们的脑袋去喂狮子。考古学家们没有发现任何被吃掉的脑袋残渣的化石，因此认为这一证据绝对有效。

◆ 罗马教堂

但是罗马城覆盖了28万平方米的土地，包括数个城镇，数条河流，多座山，多个剧场、博物馆、教堂，许多导水管、排水沟等，这一切要在一天，也就是12个小时之内完成，绝对超乎想象。如果文件所述情况属实，现在的科学家、建筑家又将陷入新的迷宫，他们无法解释在那个时代的人们怎样在12小时内完成28万平方米的罗马帝国的建造。

历史学家罗杰斯认为，这些就和埃及的金字塔一样，是一个千古之谜，因为那些奇特而神秘的建筑，即使是利用现代工具，我们也几乎不能做到。

古罗马的“化妆品”之谜

考古学家在英国伦敦泰晤士河南岸的一处古罗马神殿遗址进行挖掘时，发现一个直径6厘米的筒状金属盒子，密封的盒子里装有白色膏状物质。由于考古记录上还没有出现过这种类型的膏状物，这很可能是初次发现。有关

◆ 现代人的化妆品

◆ 化妆品

专家初步认定，这些散发着浓烈硫磺气味的膏状物质很可能是2 000年前古罗马时期的“化妆品”。令人惊奇的是，盒中的物质在泥土中埋藏了这么久，居然仍保持着良好的质地。

其后，考古学家又对盒子进行了检测。它是纯锡制成的，在盒子的外部还有一些细小的凹槽。上下两部分结合得天衣无缝，具有良好的密封性。伦敦博物馆馆长弗朗西斯·格鲁说：“这个发现意义非常重大。”他表示，由于目前还没有对盒中物质进行化学鉴定，因此不能确定那是否属于化妆用品。

◆ 古罗马的化妆品

改写罗马帝国史的铜币之谜

2003年春天，业余考古爱好者布赖恩·马林来到牛津郡东南方的一处沼泽地“寻宝”。他手持金属探测器，寻找了一天什么都没有发现。正当他准备放弃的时候，突然探测器发出微弱的信号。喜出望外的马林立刻着手挖掘，结果让他目瞪口呆：在一个陶土罐内装有一大堆已经凝成一块绿铜板的古老硬币。经过最后的挖掘和清理，考古学家

◆ 陶土罐

◆ 沼泽地

共整理出5 000枚古罗马帝国时期的硬币。其中有一枚铜币上有一个戴着闪闪发光的王冠的头像，上面还镌刻着ImpC Domitianuns PFelix Augustus字样，这引起专家的极大兴趣。根据资料，专家们推断这个头像很可能就是罗马历史中记载不多、而且至今还在历史学界引起争议的古罗马帝国皇帝图密善王。

据记载，图密善王仅仅担任了一到两个星期的罗马皇帝，然后就被推翻或者刺杀了，所以有人怀疑其是否真的存在过。而这枚铜币之所以引起重视，就在于它不仅证明了图密善王的皇帝身份，而且表明这位皇帝还铸造了自己的货币。因此，史书中与古罗马帝国有关的部分必须重写。

◆ 古罗马铜币

庞贝古城之谜

庞贝，坐落在意大利那不勒斯东南23千米，曾经是世界上最美丽繁华的城市之一，生活在其中的人民内无忧外无患。然而，庞贝的劫数却似乎是天定的。维苏威火山将灼热的火山灰喷向美丽的庞贝和这里幸福的人民。一对年轻的夫妇，丈夫背着一个婴孩，一手抱着另一个婴孩，另一只手拉着怀

◆ 庞贝遗址

◆ 庞贝古城

有身孕的妻子，仓皇奔出家门。然而妻子突然倒下了，她临产了。丈夫放下手中的婴孩，跪下来抱住妻子。妻子微笑着示意丈夫带着孩子离去，丈夫则坚定地摇了摇头，伸出强健的手臂去抱自己的妻子。就在这时，火山灰漫天而来……岩浆冷却后，庞贝消失得无影无踪，仿

佛地球上从未存在过。直到16世纪，人们在耕地时发现一些古老的残砖碎瓦，才感觉到这块土地神秘莫测。1748年，庞贝古城得以正式发掘，重见天日。由于熔岩和火山灰的密封掩盖，与空气彻底隔绝，庞贝成为世界上保存最完整的古代社区标本。

而上面那不幸的一家，就是1991年发掘出土的被考古学家称为“逃亡者”的古代家庭，从他们痛苦的脸上不难想象出当年火山灰“埋葬”庞贝时的恐怖情景。

耶稣骨灰之谜

法国金石学家安德鲁·勒迈尔在耶路撒冷附近发现了一个距今约2 000年的骨瓮，这个石灰石骨瓮长50.8厘米，有特殊字迹和花纹，上书："雅各，约瑟之子，耶稣的兄弟。"这被认为是一条能够证明耶稣在历史上确有其人的证据。

根据资料记载，在耶稣受难后，雅各成为耶路撒冷地区新兴基督教团体的领袖，在公元63年被处以石刑而死。勒迈尔认为，这个雅各，就是骨灰装在那

◆ 骨瓮

个刻有铭文的骨瓮中的雅各，而骨瓮上的耶稣，就是那个让希律王恐怖的屠杀婴儿、在旷野上抵御魔鬼的诱惑、让盲人复明让麻风病人痊愈、被犹大背叛、在骷髅地上十字架的上帝的儿子——耶稣。对别人的质疑，勒迈尔解释说，首先，依照犹太风俗，死者父亲的名字会出现在骨瓮的铭文上，但是同时出现其兄弟名字的情况则极为少见。这可能是因为其兄弟是个非常有名的人物，而死者和死者的亲属希望在铭文中提醒大家这一血缘关系。其次，虽然在那段历史中可能有无数

◆ 耶路撒冷

的雅各、约瑟或是耶稣，但从统计学上看，存在这种亲缘关系的概率非常低，据计算不会超过20个人。但是事实上，现在跟勒迈尔争论这个雅各会不会就是那个1/20，恐怕是件永远争不出结果的事情。

改写澳大利亚历史的古币之谜

2001年，正当澳大利亚积极准备迎接脱离英国殖民百年纪念的时候，却传出一项改写其历史的考古新发现。

1998年年初，来自新喀里多尼里亚的法国考古学家菲力浦哥达，与5名澳大利亚同行，在西澳柏斯以北800千米处的迪克哈托格岛海滩，发现了一枚铸有路易十五头像的银制钱币。然后他们开始在附近地带寻找能够确定钱币来源的线索，最后证实这枚钱币是1772年3月30日，法国航海家圣艾鲁昂率领军舰登陆此岛后留下的。这一时间，比英国海军将领菲力浦的“第一舰队”驶进悉尼港的时间早了16年，澳大利亚原本应属于法国人，这是一项震惊世人的新发现。

◆ 法国古币

◆ 澳大利亚迪克哈托格岛海滩

◆ 法国古币

据法国海军档案记载，圣艾鲁昂登陆当天，就宣布占领了澳大利亚西半部，并依照传统在一棵树下，埋下了一个装有两枚六法郎硬币的瓶子以及一张羊皮纸。考古学家们在迪克哈托格岛发现的六法郎银币上，一面有路易十五年轻时的肖像，另一面可见1766年的字样。经专家鉴定，这确实是路易十五时期所铸。虽然一枚硬币，并不足以让法国在澳大利亚行使任何权力，但是能向世人宣告澳大利亚西半部是法国最先占领的，也足以令法国人引以为荣。

◆ 澳大利亚迪克哈托格岛海滩

三、美洲考古中的秘谜

玛雅人水底生活之谜

不列颠·哥伦比亚潜水小组在墨西哥尤卡旦半岛——历史上玛雅古国的所在地考察时，发现了一条结构复杂、洞穴相连的地下河流，据初步估计，该河流约有32万多米长，有可能是世界上最长的地下河流。而更让他们目瞪口呆的是，在地下河的最深处，竟然发现了古代玛雅人砌成的炉灶、石桌以及陶器等物。人们不禁要问：难道古代玛雅人曾经在水底生活？

该地下河离尤卡旦半岛地面表层约30.48米，它最早为世人所知是在1998年，该科考小组的成员从当地一个几英尺宽的井口潜下水去，想了解这些位于丛林中的深井常年不干且水质清纯的秘密。没想到下井后发现，该井竟然没有尽头，半英里后竟发现一个无比宽广的“水底世界”——

一条条错综复杂的地下通道，不知通往何方，一些形状古怪的水生物、小鱼、小虾等，同样好奇地在他身边游来游去，轻啄着他的潜水服。潜水员不敢走远，按捺住激动的心情潜回井口，报告了他的发现。科考小组当即决定考察这条神秘的地下河，他们进一步研究后发现，该地下河在玛雅人的传说中早有记载，古玛雅人称之为“欧西贝哈”，意思就是“万水之源”。由于地下河里地形错综复杂，刚开始考察时十分困难，有时仅仅为了勘探一个深不可测的凹穴，潜水员就得在水底熬上12个小时。科学家们初步估计，该地下河至少有32万米长，尽管无数个通道像迷宫似地让潜水员们大伤脑筋，但地下河的总流向应该是个大三角形。为了不至于迷路，潜水员们都随身带着一个线轴，一端系在入口处，一端拿在手上，每前进3.048米，就将线打上一个结。这样做既可以循线返回，又可以测量出前进了多少米。潜水员除了测绘水下世界的地形外，还附带收集水下生物的样本。随着探测的深入，快到地下河一半深处

◆ 玛雅天文台

◆ 玛雅金字塔

时，潜水员意外发现了一些早期人类生活过的痕迹：保存完好的砌在石壁边上的炉灶、石器时代的石桌和其他一些古人类的遗迹等。依据遗物，科学家们估计，大约在9000至1万多年前，古玛雅人曾经生活在这里。此外，科考小组还发现了玛雅时期的破碎陶器、玛雅人的遗骸等。玛雅文明已经够神秘，但他们怎么也不会想到，自己竟然会在30.48米深的地下河里发现古玛雅人砌下的炉灶、石凳。

美国一考古学教授认为，古玛雅人在水下生活的假设是不大可能的，因为在水底生活必须要有类似鱼类的鳃。实际上玛雅人的神秘仅仅在于他们的文明，譬如尤卡旦半岛他们所留下的大量寺庙和金字塔

◆ 玛雅文明

遗址，而他们的身体构造和今人是没有任何区别的。他认为在水底发现古玛雅人的生活遗迹，应该从地质学的角度寻找原因。1万多年前，墨西哥尤卡旦半岛要远远高于现在的海平面，大气中的二氧化物和雨水混合形成富含碳酸的地下河水，长年累月腐蚀并“雕琢”出了这些洞穴。随着海平面继续降低，这些洞穴渐渐干燥起来，变得可以住人。随着冰河时代的结束，海平面又开始升高，这些干燥的洞穴又渐渐被水注满，古代人不得不离开洞穴到陆上生活，但他们居住时留下的遗迹却仍旧保存在那儿。据他称，洞穴和深井在玛雅人的宗教中占有相当重要的地位，他们将洞穴称为“西诺蒂”，意思就是“神的井”，他们把它看做是到达阴间的“地狱走廊”，而不是人类居住的地方。

◆ 墨西哥

◆ 墨西哥

印加帝国的少女“沉睡”之谜

1999年，一队考察组在阿根廷萨尔塔省尤亚伊亚科火山海拔6 715米的山顶上发现了古代印加帝国的神坛，并在那里发掘出3具用做祭祀品的少年儿童尸体，一个男孩子，两个女孩子，其中一个女孩年纪较大。研究人员分别给这几个孩子起名为“男童”、“女

◆ “沉睡”的印加少女

童”和“姑娘”。通过对尸体牙齿的放射检测，确定他们的年龄分别是7岁、6岁和15岁半。据推测，这几具古尸的年代应当在1480年和1532年之间。除了“女童”因为曾经遭受雷击，受到部分破坏外，这几具古尸的完好程度惊人。

◆ 与少女同时出土的祭祀品

印加帝国是南美洲土著人文明最发达的社会组织，势力范围一度扩大到现在的阿根廷北部。西班牙人来到南美前后，这个高度发达的帝国突然衰败消失了。根据研究，这个社会当年还保持着用活人做祭祀品的习俗，用少年儿童做祭祀品，是因为他们代表

纯洁，容易被神接纳。用于祭祀的孩子是根据相貌和智力挑选出来的，他们的父母都引以为荣。据认为，被选中的孩子们知道自己的命运。从被选中到送上祭坛，这中间一段时间他们自己为自己做祭祀的准备工作：编织布料，制作陪葬品等。

祭祀仪式在高山上进行。司祭在启明前点起篝火，给即将成为贡品的孩子服用古柯叶和玉米酒。研究人员没有发现尸体颅骨有被打击的痕迹，也没有被勒死的痕迹，因此他们猜测，这些孩子在古柯硷、酒精和高山缺氧的综合作用下，已经失去知觉。祭司们就这样把他们活埋在1米见方、1.7米深的墓穴里。用现代人的眼光来看，这是极其残忍的事情。然而，在那个社会里，人们认为被当做贡品奉献给神是幸福，而且他们死后能受到崇敬和膜拜。

墨西哥金字塔之谜

学术界一直希望弄清楚，西半球最伟大的两个古代文化的创造者，墨西哥中部的多提哈罕人与南部及危地马拉的玛雅人之间是否存在着某种联系，考古学家在墨西哥城附近发现的月亮金字塔似乎可以解开这一长期困扰人们的难题。

考古学家在多提哈罕金字塔废墟中挖掘出了一些有玛雅风格的玉雕像和3个古代人的遗骸，表明1700年前这两大文明有过沟通。其中一个玉雕像有着栩栩如生的面庞和大大的眼睛，很明显是来自玛雅文化所在的危地马拉。3具遗骸也呈现玛雅人中常见的盘腿坐姿，他们都是50岁左右的男子，被埋葬在一座7层金字塔第5层顶端的墓穴中，陪葬物品丰厚。与其他地方发现的遗骸不同的是，他们的双手并没有被捆绑起来，但是专家说这并不能完全证明他们不是祭祀时的牺牲品。该坟

◆ 墨西哥金字塔

◆ 太阳金字塔

墓建于公元350年，接近于多提哈罕文明的鼎盛时期。

考古专家认为，多提哈罕文明达到全盛时期时，玛雅人的城市才处于早期发展阶段，一般来说只有当多提哈罕贵戚出访玛雅城市时，两种文明才会发生碰撞。但是事实是否如此，尚有待专家的进一步研究。

秘鲁木乃伊之谜

印加帝国建于1100年左右，1532年被西班牙军队征服。400多年来为后世留下了许多惊人的文明史迹。文明之谜一：印加人不知用铁器，无车无马，却能用石头建城堡，而且石与石之间，连剃刀也无法插入；文明之谜二：印加人能制作白金饰品，其精美灵巧，令现代工艺也自叹不如；文明之谜三：印加人只有结绳文字，但却在“大神像”上用符号记录了大量精确的天文知识，甚至记载有月球产生之前的天文现象。最近考古学家在秘鲁首都利马一个贫民窟地下发现数千具古代印加人的木乃伊，许多仍然戴着标志他们所属阶级的羽毛头饰。研究人员认为，这次发现有可能揭开环绕印加文明的神秘面纱。据介绍，这次发现出土了大量陶瓷、兽皮，5万多件手工艺品，甚至还出土了用于制造发酵饮品“玉米酒”

的玉米。

考古学家相信，葬礼是于1480至1535年间举行的，该地点就是印加的中央墓地。这里的木乃伊代表了印加人广泛的生活层面，从婴儿到老年人，从贫困潦倒的到家财万贯的，是解开印加之谜的史无前例的机会。

冰川中的男尸“沉睡”之谜

加拿大的狩猎者在渐渐融化的冰山上发现了一具男性尸体，考古学家经过碳元素测试，证明这是一具550年前死亡的男子。于是考古学家遂用当地的语言给他取名叫克瓦德·丹·茨·英奇，意为发现了很久以前的人。这个人是什么人？怎么会在这座冰山上？又是怎样死去并且一直保存到现在呢？

冰川融化露出男尸

在加拿大不列颠哥伦比亚的塔森希尼·阿尔塞克省公园一座正在融化的冰川顶上，3个狩猎山羊的男子看到了一根行走用的手杖。在如此高的冰川上有木头已经不可思议了，但是接着他们又看到一些带皮毛和骨头的东西。发现者之一比尔·汉隆说：“它大概距冰峰十五六米开外。雪地里有一大块污迹，看上去就像一只死去的动物。”接下来他们就看到了一些衣服，上面甚至还有补丁。“我朝1米开外的地方瞟了一眼，发现有一个骨盆从冰块上凸显出来。”汉隆回忆道，“我看到双腿插入冰里。”于是他们立即前往加拿大

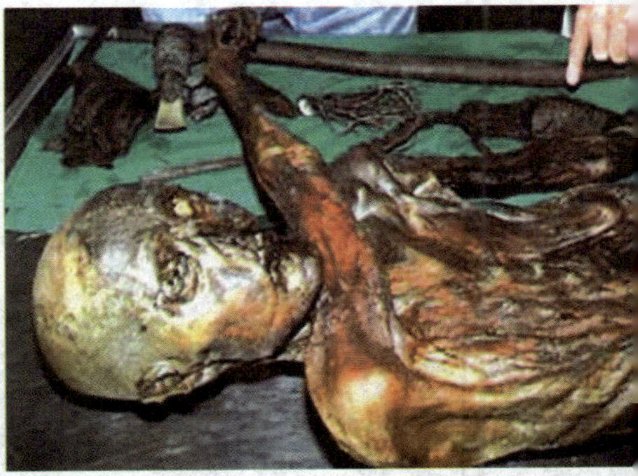

贝林吉亚博物馆作了报告。专家考证，这具男尸是从“接触前的时期”（在欧洲探险家到达之前的年代）发现的最完整的人类之一。

冰冻人的神秘身世

加拿大贝林吉亚博物馆接到报告后，立即组成一个考察小组乘直升机前往冰川。在那里，他们发现一个只剩左臂的人体躯干，手已化成了木乃伊。他们还发现一个木制的标枪和一个行走用的拐棍。而在那个男人的长袍的兜里却有几条鱼和一些鱼鳞片。小组的人小心翼翼地抬起那具尸体，并收集了一把仍插在刀鞘里的刀子和一只皮袋子。他们还发现了一顶梭织的帽子、几件破碎的衣服和后来被描写成是男人的“个人的药袋”的东西。

这具遗体从怀特霍斯运回到位于维克多利亚的皇家大不列颠博物馆。随后，科学家们日以继夜地编写材料，对克瓦德进行检查，现在还不清楚这个男人究竟是否带有什么疾病。研究人员根据对他的帽子和衣服的放射性碳元素测试，确定他死了550年了。他们没有发现什么创伤、文身以及与其祖先有联系的标志。他们所知道的只是他的尸体是处于一个面朝下的位置，右手臂抬了起来。有关他死亡的情况仍是一个谜。

四、非洲考古中的秘谜

埃及图坦卡门法老喜欢喝红酒之谜

◆ 图坦卡门

埃及图坦卡门法老黄金面具，完成于公元前1350年前后，高54厘米、宽约40厘米，现收藏于埃及博物馆。一项最新研究发现，黄金法老图坦卡门用于装点自己死后旅程的陪葬品中有红葡萄酒。

在古埃及，酒是一种高级饮品，主要供社会上层人士和国王饮用。放置在陵墓中的酒罐是供死者食用的祭品，这些酒罐

◆ 图坦卡门的纯黄金棺椁

上一般带有产品、年份、来源等，但却从不曾提及到罐中酒的颜色。长期以来，科学家和品酒人员对此各抒己见，互相争论。过去，科学家是通过研究酒石酸来判断是否有酒的迹象的，但是它并不能提供葡萄品种的任何信息。直到最近，研究人员采用了一种“液态层析—质谱分析”的技术对样品进行了实验分析，才最终确定罐中的酒是由红葡萄酿制而成的。

◆ 埃及博物馆

埃及雄狮木乃伊之谜

2001年11月，法国一支考古队在尼罗河沿岸、埃及北部的塞加拉村发掘一个古埃及陵墓时，发现一具遗骨保存相当完整的雄狮木乃伊。狮子的骨架史无前例的巨大，遗体经过了特殊处理，尽管上面没有通常用于包裹木乃伊的亚麻布，但是从它出土的遗址、遗骨上的着色情况、牙齿空穴中残存的牙组织碎片，都可以看出它与此处先前出土的猫木乃伊别无二致。

一直以来，众多古典文学作品在讲

◆ 木乃伊

述古埃及时都提到过人们把狮子当做宠物喂养的风俗，并在它们死后制成木乃伊，入土时为其举行隆重的宗教仪式，但是这种说法从未得到过证实，这次发现无疑为此提供了证据。专家们认为，埃及人可能“爱猫及狮”。古埃及人信奉神话中的猫神贝斯特，对猫非常崇拜，猫死后要被厚葬，甚至被制成木乃伊保存。时至今日，在尼罗河畔古埃及寺庙的壁画上，还可以看到一种带斑点的猫的形象。也许是沾了猫的光，狮子也受到人们的供奉。法国国家科研中心资深考古学家阿兰·兹维兹维博士说：“长期以来，关于古埃及法老豢养狮子的传说层出不穷，可是发现如此完整的狮子遗骸尚属首次。”

◆ 雄狮木乃伊

木乃伊死于枪杀之谜

大英博物馆的考古学家们最近运用最新技术，对3 000年前古埃及赫赫有名的祭司纳斯佩雷纳卜的木乃伊进行了"3D"拍照，结果在他左眼上方的骨中发现了一个无法解释的神秘洞孔。大英博物馆助理保管员泰勒不解地说："这跟木乃伊处理没有任何关系，我们不知道什么武器导致了这样的结果！"由于这个洞孔无法解释，所以有人认为古埃及祭司可能死于枪杀。

◆ 被怀疑死于枪杀的木乃伊

◆ 大英博物馆

不过，多数科学家对此说法表示怀疑，因为人类在14世纪初才发明发射火药的枪支，17世纪初才制成最早的发射子弹的火绳枪，现代步枪的出现更是19世纪的事。泰勒谨慎地表示，纳斯佩雷纳卜可能死于肿瘤，是那种恶性肿瘤导致了他头骨穿孔。

古埃及王后涅菲尔提提暗杀之谜

经英国埃及学学者焦安·弗莱彻查证，埃及法老洞穴里一具落满尘土的木乃伊就是传说中古埃及涅菲尔提提王后的尸体。用计算机对木乃伊颅骨复原后，其面孔同保存在柏林埃及博物馆的娇艳王后的半身雕像十分相似。这一“发现”在世界上引起轰动。

古埃及王后涅菲尔提提在3 400年前曾同丈夫阿赫纳顿法老一同执政。他俩建立了新首都阿尔奈，并企图创建自己的宗教代替多神教。据记载，涅菲尔提提在丈夫去世后，用铁的手腕继续他开创的事业。因此在她死后，失去权力的祭司砸了她的石像，并把木乃伊大卸八块，咒她死后不得安生。

焦安·弗莱彻无意中发现了同事维克托·洛列特1个世纪前作的笔记，洛列特描述一座代号为KV35的普通陵墓时，提到了一绺掉在石头地板上的假发和一具头剃得光光的女人木乃伊。弗莱彻找到了保存在开罗国家博物馆的假发，证明它确实属于涅菲尔提提王后。开棺后，木乃伊胳膊的姿势、饰物的残片、指甲的形状，都证明这是法老的妻子。这具木乃伊还保存有王后生前背部所受到的严重刀伤，这说明容貌秀丽好发号施令的涅菲尔提提很可能成了宫廷阴谋的牺牲品。

◆ 埃及王后涅菲尔提提复原像

◆ 埃及王后涅菲尔提提复原像侧面

古埃及法老的正面肖像图之谜

◆ 法老正面像

西班牙一支考古队在埃及南部的卢克索发现了刻有法老正面形象的木板画像，这一发现推翻了古埃及学界一贯认为的工匠从不雕刻法老正面像的观点。据专家介绍，画板长约50厘米、宽约30厘米，画中人物戴着王冠，穿着法老王独有的梯形衣物。在画板上有一些辅助画图的红网格线，这些红网格线既使黑色线条明显，又使所画肖像比例适当，画板后面还有用古埃及象形文字镌刻的一段文字。

◆ 卢克索神庙

专家推测，这可能是一幅雕刻的草图，画板的年代可能上溯至古埃及第18王朝（约公元前1570—公元前1293年）的著名法老埃赫那吞时期，也可能属于哈契普苏特王后统治时期（约公元前1498—公元前1483年）。据悉，埃及和西班牙考古学者将共同揭开这幅罕见的木板画的身世之谜。

◆ 卢克索

金字塔巨石是人造混凝土之谜

◆ 金字塔

◆ 金字塔

在埃及，大大小小的金字塔有七八十座之多，其中最大的一座是胡夫金字塔。该塔高约146.5米，共用了230万块巨石。人们一直对这些石块的开采和运送存在疑问，尤其令人不解的是，在附近数百英里内，竟然难以找到类似的石头。科学家约瑟·大卫杜维斯提出了他惊人的见解：金字塔上的巨石是人造的。

大卫杜维斯借助显微镜和化学分析的方法，认真研究了巨石的构造。他认为，金字塔上的石头是用石灰和贝壳经人工浇筑混凝而成的，这种混合物凝固硬结得十分好，因此人们难以分辨它和天然石头的差别。此外，大卫杜维斯还在石头中发现一缕约2.54厘米长的人发，唯一可能的解释是，工人在操作时不慎将这缕头发掉进了混凝土中，保存至今。但有学者对此提出了质疑，他们说：开罗附近有许多

花岗岩山丘，古埃及人为什么要舍此而去用一种复杂的操作方法来制作难以数计的石头呢？看来金字塔之谜还有待人们的进一步研究。

另外，埃及胡夫大金字塔的塔高乘10亿所得的数，和地球到太阳之间的距离相等；穿过大金字塔的子午线把地球上的陆地、海洋分成相等的两半；用2倍塔高除以塔底面积等于圆周率。以上这些都是巧合吗？科学家还发现，金字塔似乎有一种神秘的力量作用于人体或其他物体，金字塔内温度较高，但残留于塔内的生物遗体却不腐烂，反而脱水变干，保存久远。美国的科研人员也发现，进入塔内后，所携带的各种电子仪器就都失灵了。意大利学者还发现长时间在塔内停

留，会使人神经失调、意识模糊。更使人惊奇的是，后世依照金字塔的比例建造的建筑，不仅也能够保存动物尸体，还能够使食物保持新鲜，使刀片变得更为锋利并延长使用年限，甚至可以提高植物种子的发芽率。人们称这种现象为“金字塔能”效应。然而，这其中的奥秘，我们现在还无法确定。

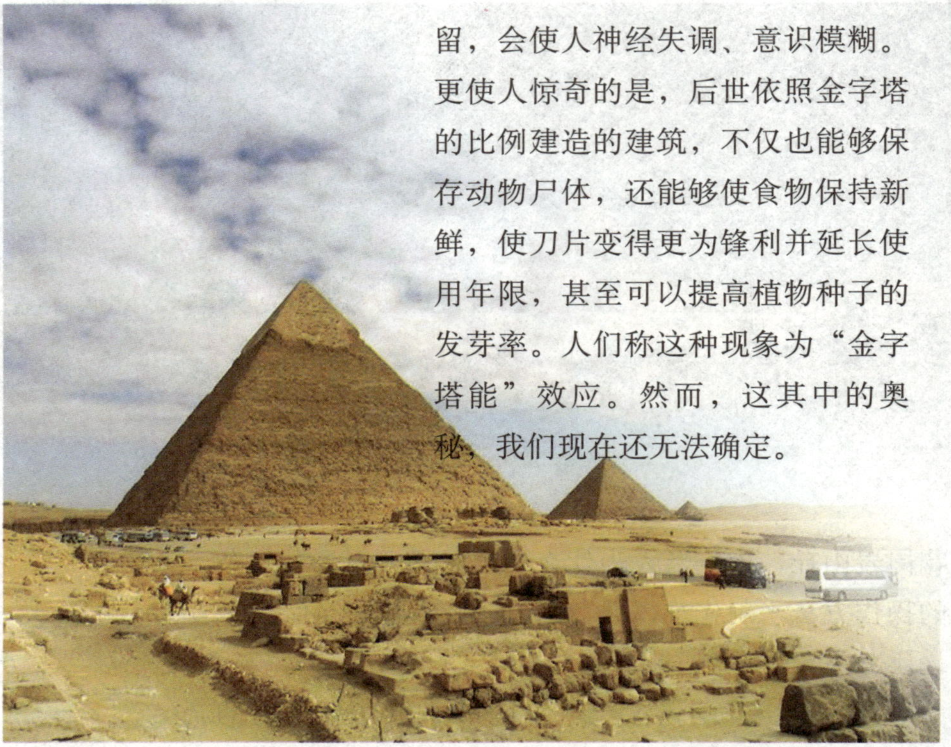

用风筝修建金字塔之谜

◆ 金字塔

古埃及人靠风筝修建了金字塔的说法听起来十分荒谬，但美国加州理工学院一位飞行学教授证实，这很可能是真的。加州理工学院的莫尔塔扎·加里卜教授和他的学生埃米利奥·格拉夫首先尝试只靠风的力量将一块4.5米的石条从水平提升到垂直位置。他们最初的实验使他们相信，不需要很强的风就能提起3.5吨的石条。即使是不大的力量，只要持续时间足够长，也可以做到。关键是用一个滑轮装置来加大应用的力量。他们在

◆ 风筝

◆ 金字塔

平卧的石条一端上方装配了一个帐篷形状的脚手架，脚手架的顶端悬挂有滑轮，设想当石条的一端提起后，基底就会随架空的滑轮在地上滚动。

2001年初，他们将一个40平方米大的长方形尼龙“翼伞”篷投入实验，“风筝”将石条完全提离了地面。加里卜说：“我们完全被惊呆了。伞篷张开的一刹那产生了一股强大的力量，仅40秒钟，石条就被笔直地提了起来。”当时的风速仅为16～20千米每小时，只比他们预想风速的一半多一点。他们没有料到的是风筝打开时的力量。加里卜说：“当时立即产生了一股巨大的力量，即是稳定状态下力量的5倍。”这说明风筝的确可以提起重物。加里卜说：“有40个左右的人再加上四五个风筝，300吨的石条也可以被提起来，因此金字塔的建造者们可以利用风筝将大块的石料搬运到位。”

对于这缺乏有力证据的推测，一些研究埃及问题的学者无法接受。曾参与吉萨高原测绘项目的工程地质学家科林·里德说：“我认为风筝理论最大的问题，就是史料中从未提及风筝以及其他相关的飞行。”不过里德承认，确实有实物证据显示古埃及人对飞行很感兴趣。在塞加拉阶梯金字塔上发现的木制工艺品很像个奇特的滑翔机模型。尽管它只是公元前几百年的产物，但它复杂的结构说明，埃及人可能很早就有飞行的构想了。加里卜认为，不光是金字塔，可能其他古代文明的建筑也利用过风筝，比如安第斯山上的印加人纪念碑。